Aproximación a la sostenibilidad y concepto circular

Judith Abeleira Carrasco

ic editorial

Aproximación a la sostenibilidad y concepto circular
© Judith Abeleira Carrasco

1ª Edición

© IC Editorial, 2025

Editado por: IC Editorial
c/ Cueva de Viera, 2, Local 3
Centro Negocios CADI
29200 Antequera (Málaga)
Teléfono: 952 70 60 04
Fax: 952 84 55 03
Correo electrónico: iceditorial@iceditorial.com
Internet: www.iceditorial.com

ISBN: 979-13-7027-107-7
Depósito Legal: MA-2074-2025

Impresión: PODiPrint
Impreso en Andalucía – España

Nota de la editorial: IC Editorial pertenece a Innovación y Cualificación S. L.

Índice

Unidad de aprendizaje 1
Identificación de las características de los destinos turísticos inteligentes y circulares

1. Introducción	9
2. El camino hacia la sostenibilidad turística	9
3. Principios e hitos del turismo sostenible	13
4. Resumen	17
Ejercicios de autoevaluación	21

Unidad de aprendizaje 2
Identificación de las características de la economía circular

1. Introducción	25
2. Principios y características	25
3. Tecnologías aplicadas a la economía circular	29
4. Resumen	34
Ejercicios de autoevaluación	37

Unidad de aprendizaje 3
Determinación del concepto y características de turismo circular

1. Introducción	41
2. Turismo circular y el reto del cambio climático	41
3. Tecnologías aplicadas al turismo circular	49
4. Resumen	51
Ejercicios de autoevaluación	53

Glosario	55
Bibliografía	57

OBJETIVOS GENERALES

Los objetivos generales del **Aproximación a la sostenibilidad y concepto circular,** son los siguientes:

- ➲ Conocer las ventajas e inconvenientes de la economía circular y el turismo circular, y las tecnologías aplicadas a ambos conceptos.
- ➲ Conocer en qué consiste el turismo sostenible como tendencia en la era pos-COVID.
- ➲ Identificar las características propias de la economía circular.
- ➲ Diferenciar la definición y características del turismo circular.

Identificación de las características de los destinos turísticos inteligentes y circulares

Contenido

1. Introducción
2. El camino hacia la sostenibilidad turística
3. Principios e hitos del turismo sostenible
4. Resumen

Objetivos

El objetivo general de esta Unidad de Aprendizaje es:

→ Aprender en qué consiste el turismo sostenible como tendencia en la era pos-COVID.

Los objetivos específicos de esta Unidad de Aprendizaje son:

→ Conocer los pilares básicos del turismo sostenible.

→ Aprender los aspectos a tener en cuenta en el camino hacia el turismo sostenible.

→ Diferenciar los principios e hitos del turismo sostenible.

1. Introducción

En la presente unidad de aprendizaje vamos a estudiar todo lo relativo al turismo sostenible como una de las tendencias turísticas en la era pos-COVID.

En el año 2020, la sociedad sufrió una pandemia a nivel mundial que ha marcado un antes y un después en la historia reciente de la humanidad. Después de temporadas de confinamiento, los individuos hemos vuelto a retomar costumbres anteriores a la pandemia como la actividad de viajar. Sin embargo, ahora existe la obligación y/o recomendación de adoptar medidas de prevención, no solo del COVID, sino para otros posibles virus que pudieran provocar de nuevo otra pandemia.

A su vez, coincide en el tiempo con la propuesta mundial de la Agenda 2030 que propone 17 objetivos de desarrollo sostenible, y que se pretende que sea de aplicación en los diferentes países, actividades y empresas, entre ellas, la industria turística. Por eso, vamos a estudiar la amplitud del concepto de turismo sostenible en todos sus aspectos o ámbitos.

Para ello, vamos a seguir un hilo conductor a lo largo de los contenidos que será la implantación de Hotelasa. Un hotel pequeño de 50 habitaciones que se va a ubicar en un pueblo de 3.000 habitantes, aproximadamente, situado en un entorno rural, en una comarca de diez municipios muy pequeños y distanciados entre sí a unos 10 km entre ellos, más o menos. Este hotel está ubicado en un antiguo palacio abandonado que ha sido reconstruido y reformado por una cadena hotelera nacional que lo adquirió hace dos años.

2. El camino hacia la sostenibilidad turística

 HILO CONDUCTOR

Una cadena hotelera española adquirió, hace dos años, un palacio abandonado en un pueblecito de apenas 3.000 habitantes. Lo han reformado y reconstruido y ahora van a montar un hotel de 50 habitaciones, Hotelasa. Pedro va a ser el gerente de dicho hotel, por tanto, sus jefes de Madrid han delegado en él para que se encargue de arrancar esta nueva andadura. La política de empresa es que el hotel sea sostenible, porque, con los tiempos que corren, deben seguir ese tipo de políticas. Pedro debe averiguar cuál es el concepto de turismo sostenible para así poder integrar las estrategias en la planificación de la empresa.

Si buscamos en la RAE el significado de sostenible, nos dice: "especialmente en ecología y economía, que se puede mantener durante largo tiempo sin agotar los recursos o causar grave daño al medioambiente".

De esta definición podríamos afirmar que la sostenibilidad es el conjunto de acciones encaminadas a que algo perdure en el tiempo sin agotar los recursos y sin perjudicar gravemente al medioambiente.

La sostenibilidad se basa en cinco pilares:

Desarrollo económico

Desarrollo social

Desarrollo medioambiental

Desarrollo cultural

Desarrollo inclusivo

El principal objetivo actual del sector turístico es alcanzar la plena sostenibilidad. Por eso, los destinos turísticos se enfocan hacia el turismo sostenible.

El turismo actual tiene que tener en cuenta las consecuencias actuales y futuras en cada uno de los pilares de la sostenibilidad, al mismo tiempo que debe tratar de satisfacer las necesidades de los visitantes, de la industria turística, el entorno y las comunidades anfitrionas del destino.

El turismo juega un papel relevante en la conservación de la biodiversidad minimizando su impacto en el medioambiente en el presente y futuro. La industria turística trata de generar ingresos y empleo en el destino, causando bajo impacto en el entorno social.

⊃ **Definición de sostenibilidad turística:** la sostenibilidad turística es la capacidad o habilidad de mantener, a largo plazo, la actividad turística sin agotar los recursos naturales, sin perjudicar al medioambiente ni a las comunidades locales. Para ello, tanto las instituciones u organismos oficiales, los destinos y las empresas turísticas deben planificar, diseñar y programar políticas y procesos que conduzcan al objetivo de trabajar de la manera más sostenible posible.

- **Responsabilidad ambiental:** el sector turístico debe reducir el impacto medioambiental en los destinos, es decir, debe aplicar medidas *eco-friendly* o "amigas de lo ecológico" en todos los aspectos: gestión de residuos, consumo responsable de suministros (agua, luz y gas), reducción de la polución, disminución de ruidos, gestión de aguas residuales, conservación de la biodiversidad, naturaleza y ecosistemas locales.
- **Desarrollo de infraestructuras sostenibles:** los destinos turísticos deben enfocarse en que su infraestructura sea sostenible y no cause impacto negativo en el medioambiente, optimizando la gestión de residuos, fomentando el uso de las energías renovables, fomentando el uso de transporte público, etc.
- **Implicación de las comunidades locales:** para conseguir todas las propuestas mencionadas, es imprescindible el compromiso de las comunidades locales, esto es, organismos y entidades públicas como los ayuntamientos de los municipios, la diputación provincial, la comunidad autónoma y las empresas privadas que realizan su actividad en el destino. Es necesario que todas las partes, directas o indirectas, formen parte activa en la toma de decisiones como agentes participantes para el buen desarrollo del sector turístico y sector económico empresarial, en general.
- **Educación y sensibilización:** es necesario concienciar y formar a la población para que los ciudadanos, como individuos independientes y dependientes, e integrantes de una sociedad o comunidad, sean responsables y respetuosos con el medioambiente y la cultura local.
- **Protección del patrimonio cultural:** las acciones sostenibles implican cuidar y proteger el patrimonio cultural, las tradiciones y costumbres de la zona. Es vital para el destino mantener la autenticidad y originalidad de este. De hecho, esta autenticidad puede ser uno de los atractivos turísticos de la zona.
- **Diversificación de la oferta turística:** fomentar y ofrecer una amplia gama de actividades turísticas y distintos atractivos: cultura, gastronomía, descanso, deporte, religión, etc. Para ello, es recomendable gestionar todos los recursos turísticos, económicos y humanos para redistribuir los flujos de personas evitando la masificación en algunos puntos.
- **Medición y monitoreo:** los destinos turísticos deberían contar con un plan de sostenibilidad en el que se pueda evaluar y medir de manera objetiva el impacto medioambiental, económico y social en el destino. De este modo, se puede detectar el error en el proceso y tomar decisiones para corregir las estrategias de la sostenibilidad.
- **Certificaciones y sellos de sostenibilidad:** las certificaciones, sellos, premios y reconocimientos sobre sostenibilidad, que pueden conseguir los destinos y las empresas turísticas, hacen que el turista identifique y confíe en la idoneidad de estos destinos y empresas como promotoras de buenas prácticas hacia la sostenibilidad.

⮑ **Colaboración y alianzas:** la sostenibilidad es un objetivo conjunto que debe conseguirse con la colaboración del gobierno central, comunidad autónoma, alcaldía del municipio, las empresas turísticas, las comunidades locales y la buena actitud de los propios turistas o visitantes.

El patrimonio cultural como museos, edificios religiosos (iglesias, catedrales, etc.), edificios civiles (palacios, casas señoriales, castillos, etc.), deben ser protegidos para que puedan ser disfrutados por todos. Esto implica el control del número de visitantes estableciendo cantidades de personas y horarios. Así como visitas guiadas y ordenadas para que los turistas no transiten de manera desordenada por algunos recursos turísticos.

 **APLICACIÓN PRÁCTICA**

María trabaja en un hotel, el cual toma la medida de colocar en todas las habitaciones carteles que indican "Por favor, si desea poner el aire acondicionado, hágalo a una temperatura entre 21 y 23 °C, y mantenga las ventanas cerradas durante su encendido. Retire la tarjeta de la luz cada vez que abandone la habitación. Cuidemos el planeta entre todos. Muchas gracias". ¿A qué aspecto a tener en cuenta en el turismo sostenible pertenece? Ayuda a María a averiguarlo.

Solución

Mediante esos carteles de consejos, se está educando y sensibilizando a los turistas o huéspedes acerca del uso correcto del suministro de luz.

3. Principios e hitos del turismo sostenible

☞ HILO CONDUCTOR

Una vez que Pedro, gerente de Hotelasa, ha adquirido los conocimientos sobre qué es el turismo sostenible, debe saber por qué principios regirse y qué hechos alcanzar, para así poder definir las estrategias concretas en la planificación de la empresa, antes de arrancar el proyecto. Por tanto, Pedro va a averiguar sobre los principios e hitos del turismo sostenible.

- -

Una de las definiciones de "principio" que aparece en la RAE es la "norma o idea fundamental que rige el pensamiento o la conducta".

Por tanto, podemos afirmar que los principios del turismo sostenible son las normas o ideas fundamentales que rigen el pensamiento o la conducta de desear alcanzar la sostenibilidad.

Por otra parte, según la RAE un "hito" es un "hecho clave y fundamental dentro de un ámbito o contexto". Por tanto, los hitos del turismo sostenible son los hechos fundamentales o claves dentro del turismo sostenible.

Los principios son normas e ideas en los que se basa la conducta o el comportamiento de los destinos y empresas turísticas para alcanzar la sostenibilidad, mientras que los hitos son hechos relevantes dentro de este tipo de turismo.

Los principios o ideas del turismo sostenible son:

- **Conservación del medioambiente.** Una de las ideas o principios del turismo sostenible es que el turismo, como actividad en sí o como empresa turística, debe cuidar, preservar y proteger el medioambiente. Esto implica cuidar de los recursos naturales, evitar perjudicar los ecosistemas próximos y, en conjunto, minimizar el impacto medioambiental.
  Por ejemplo, un hotel sostenible puede aplicar políticas sostenibles para cuidar el medioambiente como concienciar a los huéspedes del uso responsable de la luz y el agua. Puede indicar que, si desean que se laven las toallas, las echen al suelo del baño y, si las van a reutilizar, las dejen en los colgadores. De este modo, no se lavan todas las toallas a diario, si no cuando es necesario, pues habrá huéspedes que las reutilicen dos o tres veces, frente a otros que querrán toallas limpias cada día. El hotel ahorra en agua, en luz y en materiales como detergentes, jabones y suavizantes.

- **Respeto a la cultura local.** El turismo sostenible debe respetar las tradiciones, costumbres y patrimonio cultural, histórico y/o artístico del destino y de las comunidades locales de la zona.

  Continuando con el ejemplo anterior, el hotel, como respeto a la cultura local, ofrece en su bufé o restaurante platos gastronómicos típicos de la zona.

- **Beneficios económicos para las comunidades locales.** El turismo sostenible debe contribuir al desarrollo económico de la zona. Esto conlleva que debe generar puestos de trabajo, debe favorecer la oportunidad de emprender nuevos negocios, fomentar la actividad de los negocios ya existentes y permitir que toda la población tenga oportunidad de beneficiarse de manera equitativa de la actividad turística sostenible.

  Por ejemplo, el hotel, para favorecer el desarrollo económico de la zona, contrata al 80 % de su plantilla con habitantes de la zona, además de realizar las compras de sus materiales a proveedores locales.

- **Inclusión social.** El turismo sostenible debe garantizar la participación activa y el empoderamiento de las comunidades locales, teniendo en cuenta sus peticiones para el desarrollo turístico y para la buena convivencia entre la población local y la población flotante del municipio.

  Por ejemplo, los vecinos del municipio se quejan del excesivo ruido que provocan los turistas en el destino. En el caso del hotel, limitan el horario de animación y de bar/restaurante hasta las 12 h de la noche. Por su parte, el ayuntamiento regula la actividad de ocio nocturno limitando los horarios a los diferentes tipos de establecimientos.

- **Calidad del turismo.** El turismo sostenible y de calidad debe promover actividades que rocen o se aproximen a la excelencia para que las experiencias de los turistas sean lo más óptimas posibles. Estas actividades, además de satisfacer las expectativas de los turistas, deben cuidar el medioambiente y respetar la cultura de la comunidad local.

  Por ejemplo, el hotel ofrece una estancia de calidad a sus huéspedes, ya que las instalaciones y servicios que ofrece dentro del mismo satisfacen las expectativas de los clientes al guardar una muy buena relación calidad-precio.

- **Sostenibilidad a largo plazo.** El turismo sostenible, tanto a nivel gubernamental como privado, debe estar correctamente planificado y gestionado, de modo que dicha sostenibilidad se pueda mantener en el tiempo y no sea solo temporal. Esto quiere decir que no se deben agotar los recursos y que hay que tener en cuenta el respeto a las generaciones venideras.

  Por ejemplo, las políticas del hotel respecto al consumo moderado de suministros como agua, luz y gas se deben mantener a lo largo de los años. No solo se aplica en una o dos temporadas, sino que de por vida, incluso revisándolas y mejorándolas a lo largo del tiempo.

La cultura local abarca tradiciones y costumbres como festividades, bailes regionales, gastronomía, romerías, etc.

Los hitos o hechos del turismo sostenible deben ser:

- **Creación de áreas protegidas:** se deben establecer y diseñar espacios protegidos. El gobierno estatal, regional o municipal debe promover la creación de estas áreas protegidas.
- **Certificación y sellos de calidad/sostenibilidad:** la adquisición de estos certificados y sellos de calidad y sostenibilidad permiten al turista reconocer a aquellos destinos y empresas que tienen un compromiso y responsabilidad con la sostenibilidad.
- **Desarrollo de infraestructuras sostenibles:** todas las infraestructuras del destino como recogida de basuras, gestión de residuos, accesos de carreteras, caminos, puertos, aeropuertos, estaciones de ferrocarril o autocares, red de autobuses urbanos, gestión del agua, etc., deben plantear políticas sostenibles que minimicen el impacto ambiental del destino, además de tener en cuenta los demás pilares económicos y sociales de la sostenibilidad.
- **Promoción del turismo comunitario:** el turismo sostenible no solo se debe desarrollar en el destino turístico como municipio, o un recurso natural, o un evento. El turismo sostenible debe promover que las comunidades locales, en plural, es decir, las comunidades de la zona cercana, participen de manera activa y se beneficien de la actividad turística.
- **Educación y sensibilización:** otra de las acciones que debe realizar el turismo sostenible es la educación y concienciación a los turistas y a todos los agentes intervinientes en la actividad turística.
- **Planificación y gestión integral del turismo:** una correcta planificación y gestión del destino y del turismo sostenible ayuda a equilibrar y distribuir los flujos turísticos, sin que unas zonas resulten más masificadas o presionadas que otras y, por el contrario, otros puntos queden más desérticos. Lo ideal sería alcanzar un equilibrio para que todos los puntos

turísticos reciban un flujo moderado de visitantes y toda la comunidad se beneficie de la actividad turística.

⮑ **Fomento del turismo responsable:** otro hecho que debe realizar el turismo sostenible es animar a los turistas a que apliquen prácticas responsables y sostenibles, no solo en el destino turístico, sino durante todo el tiempo que dure su viaje. Estas acciones de incitar a la sostenibilidad se pueden iniciar desde el origen, desde las agencias de viajes, y desde el momento en que el turista decide viajar a un destino concreto.

⮑ **Investigación y monitoreo:** si ha habido una planificación previa, se pueden evaluar y monitorear los resultados que se obtienen. Si no se alcanzan los objetivos, siempre se puede investigar dónde está el error en el proceso y rectificar o corregir la estrategia con el fin de cumplir los objetivos marcados en la planificación.

En la imagen podemos apreciar una persona realizando una actividad sobre la separación de residuos. Muchas empresas aplican esta medida en la gestión de residuos.

 TAREA 1

A Javier le han encargado que escriba un cartel para colocar en los baños de las habitaciones y así concientizar a los huéspedes sobre el uso responsable del agua. Ayuda a Javier a redactar el cartel proponiendo medidas de ahorro de consumo de agua.

ACTIVIDAD COMPLEMENTARIA

1. Lee la noticia titulada Calvià 365, el nuevo plan estratégico de desestacionalización que encontrarás accediendo desde aquí:

https://redirectoronline.com/hott02po0101

A continuación, indica qué medidas va a tomar la zona balear relacionadas con el turismo sostenible.

4. Resumen

En esta unidad hemos aprendido el concepto de turismo sostenible como aquel que respeta el medioambiente, fomenta la economía del destino y preserva la cultura social de la comunidad local. Todo esto basado en estos cinco pilares:

Para hablar de sostenibilidad se deben tener en cuenta estos aspectos:

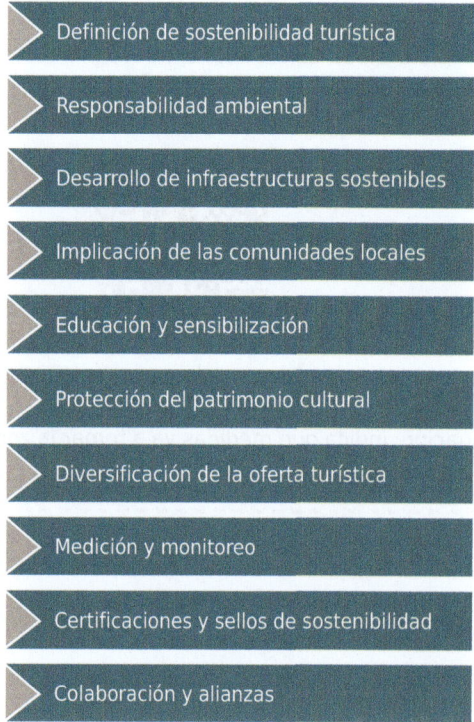

Definición de sostenibilidad turística

Responsabilidad ambiental

Desarrollo de infraestructuras sostenibles

Implicación de las comunidades locales

Educación y sensibilización

Protección del patrimonio cultural

Diversificación de la oferta turística

Medición y monitoreo

Certificaciones y sellos de sostenibilidad

Colaboración y alianzas

Por otra parte, hemos definido **principio** como la idea por la que se rige la finalidad de conseguir el turismo sostenible. Estos principios son:

Conservación del medioambiente

Respeto a la cultura local

Beneficios económicos para las comunidades locales

Inclusión social

Calidad del turismo

Sostenibilidad a largo plazo

A su vez, hemos definido **hito** como el hecho que debe lograr o ejecutar el turismo sostenible. Estos hitos o hechos son:

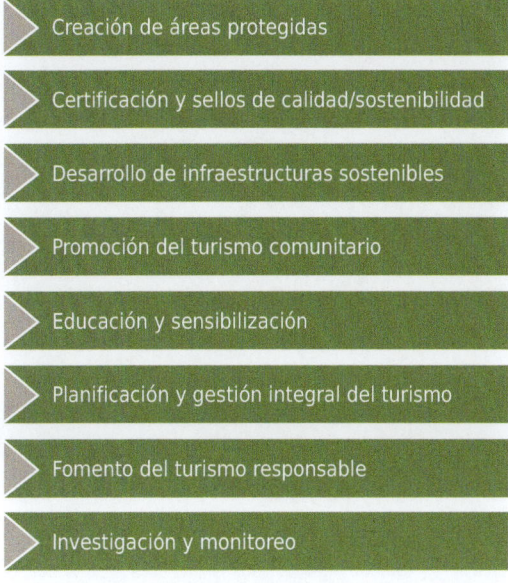

Creación de áreas protegidas

Certificación y sellos de calidad/sostenibilidad

Desarrollo de infraestructuras sostenibles

Promoción del turismo comunitario

Educación y sensibilización

Planificación y gestión integral del turismo

Fomento del turismo responsable

Investigación y monitoreo

Ejercicios de autoevaluación
Unidad de Aprendizaje 1

1. El patronato de turismo de una localidad informa que, para acceder al Castillo, se debe hacer en grupos guiados de 25 personas y solo pueden acceder 3 grupos a cada hora en punto desde las 10 h a las 17 h, hora de última visita. Esta medida atiende al aspecto:

    a. Responsabilidad ambiental
    b. Educación y sensibilización
    c. Protección del patrimonio cultural
    d. Diversificación de la oferta turística

2. Uno de los principios del turismo sostenible es que este...

    a. ... sea sostenible solo a corto plazo.
    b. ... sea sostenible solo en temporada de verano.
    c. ... sea sostenible solo en temporada alta, sea verano o invierno.
    d. ... sea sostenible a largo plazo.

3. Un hotel decide que el 80 % de su plantilla contratada sean personas empadronadas en el municipio donde se encuentra ubicado. En qué pilar de la sostenibilidad clasificarías esta medida:

    a. Desarrollo de igualdad
    b. Desarrollo social
    c. Desarrollo medioambiental
    d. Desarrollo cultural

4. Un ayuntamiento coloca carteles, para turistas y ciudadanos, con recomendaciones de evitar el ruido, separar la basura, utilizar el transporte urbano, no ensuciar la ciudad, etc. ¿Con qué aspecto de la sostenibilidad identificas esta estrategia?

    a. Educación y sensibilización
    b. Protección del patrimonio cultural
    c. Medición y monitoreo
    d. Diversificación de la oferta turística

5. Un ayuntamiento, junto con otros agentes, como el tejido empresarial, han diseñado un plan turístico para sustituir el actual "turismo de borrachera" por "turismo familiar". ¿A qué principio de turismo sostenible atiende este plan?

   a. Perjuicio del medioambiente
   b. Exclusión social
   c. Sostenibilidad a corto plazo
   d. Calidad del turismo

Identificación de las características de la economía circular

Contenido

1. Introducción
2. Principios y características
3. Tecnologías aplicadas a la economía circular
4. Resumen

Objetivos

El objetivo general de esta Unidad de Aprendizaje es:

→ Identificar las características propias de la economía circular.

Los objetivos específicos de esta Unidad de Aprendizaje son:

→ Reconocer los principios que caracterizan a la economía circular.

→ Describir las tecnologías que se pueden aplicar a la economía circular.

1. Introducción

Hasta hace pocos años, la economía ha sido lineal, es decir, se fabricaban objetos o productos para ser utilizados y, finalmente, desechados.

En la actualidad, se denomina economía circular al enfoque de fabricar solo los productos necesarios, dándole larga vida y durabilidad, insertándolos en el ciclo de valor las veces que sea necesario y, finalmente, cuando ya no se pueden reutilizar ni reciclar, entonces, convertirlos en desecho.

Este enfoque de economía circular surge de la necesidad de fabricar productos sostenibles a partir de materias primas ya utilizadas y que sean muy duraderos en el tiempo, para reducir o eliminar los recursos no renovables y sustituirlos por recursos renovables.

Para ello, vamos a continuar con el hilo conductor de Hotelasa, hotel pequeño de 50 habitaciones que se va a ubicar en un pueblo de 3.000 habitantes, aproximadamente, situado en un entorno rural, en una comarca de diez municipios muy pequeños y distanciados entre sí a unos 10 km entre ellos. Este hotel está ubicado en un antiguo palacio abandonado que ha sido reconstruido y reformado por una cadena hotelera nacional que lo adquirió hace dos años.

2. Principios y características

 HILO CONDUCTOR

Pedro, el nuevo gerente de Hotelasa ha recibido la instrucción general de que el hotel que va a inaugurar debe ser sostenible. Pedro ha escuchado hablar de la economía circular, pero no sabe qué es eso, por tanto, se pone a investigar acerca de este concepto.

Como hemos mencionado, la sostenibilidad se basa en cinco pilares básicos (desarrollo económico, social, medioambiental, cultural e inclusivo). La economía actual, en su papel de ser uno de los pilares de la sostenibilidad, trata de:

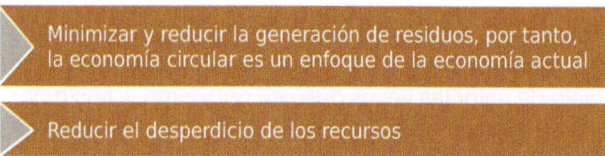

Minimizar y reducir la generación de residuos, por tanto, la economía circular es un enfoque de la economía actual

Reducir el desperdicio de los recursos

En la economía tradicional, también llamada "economía lineal", los productos se fabrican, se usan y se tiran.

En la **economía circular,** los productos:

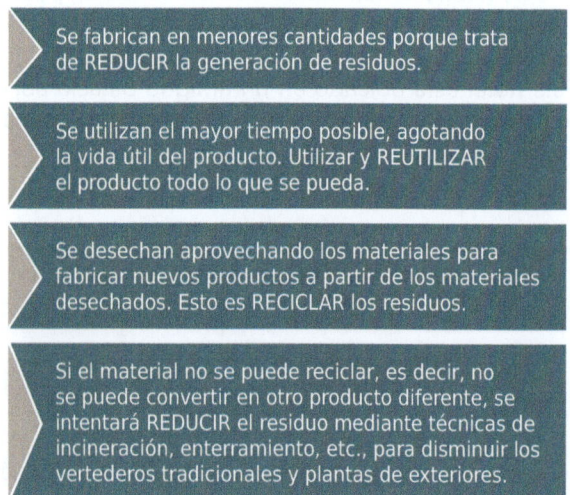

Se fabrican en menores cantidades porque trata de REDUCIR la generación de residuos.

Se utilizan el mayor tiempo posible, agotando la vida útil del producto. Utilizar y REUTILIZAR el producto todo lo que se pueda.

Se desechan aprovechando los materiales para fabricar nuevos productos a partir de los materiales desechados. Esto es RECICLAR los residuos.

Si el material no se puede reciclar, es decir, no se puede convertir en otro producto diferente, se intentará REDUCIR el residuo mediante técnicas de incineración, enterramiento, etc., para disminuir los vertederos tradicionales y plantas de exteriores.

De este enfoque nacen las 3 R de la sostenibilidad: **REDUCIR, REUTILIZAR y RECICLAR.** Desde este punto de vista moderno de la economía, el producto y el consumo cierran un ciclo o círculo, de ahí que se denomine "economía circular". Los **objetivos** de la economía circular son:

1. Reducir la presión y consumo de los recursos naturales y de las materias primas vírgenes u originales.
2. Reducir los impactos negativos medioambientales, minimizando los residuos y valorando, protegiendo y cuidando los recursos de la naturaleza.

3. Mejorar la resiliencia económica, es decir, la capacidad de superar las circunstancias adversas que se producen en la economía.
4. Generar oportunidades de negocio y empleo al buscar alternativas de productos y servicios sostenibles mediante la innovación.

Los principios, ideas o normas que sustentan el pensamiento o filosofía de la economía circular son, a su vez, los que van a determinar las características de la misma. Por tanto, los principios que caracterizan a la economía circular son los siguientes:

- **Diseño sostenible:** este tipo de diseño busca la durabilidad, reparación y reciclaje del producto en el tiempo, es decir, que tarde mucho en desaparecer y que la vida útil del producto sea lo más larga posible. Si el producto es desmontable y reparable permitirá la reutilización y reciclaje de las piezas y componentes. De este modo, se pretende reducir la creación o fabricación de productos nuevos y, en consecuencia, reducir también la necesidad de utilizar nuevos recursos o materia prima original. Para ello, se intentará evitar la obsolescencia programada y se favorecerá la actualización de los productos ya existentes.
- **Reutilización y segunda vida:** este principio de la economía circular trata sobre el fomento de reusar los productos o sus piezas o componentes y darle tantas vidas como sea posible. En ocasiones, el producto íntegro se puede volver a utilizar. Otras veces, son sus componentes los que pueden brindar ese segundo uso para dar vida a un producto que ya empieza a deteriorarse o averiarse, introduciéndolos de nuevo en la cadena de valor en lugar de convertirlo en residuo. La economía circular propone como herramientas para la reutilización, la venta de segunda de mano, el alquiler, el intercambio de productos e, incluso, la donación.
- **Reciclaje:** los materiales de los productos que ya son para desechar, porque no sirven, se pueden utilizar como materia prima para la fabricación de productos nuevos. Es una manera de reducir el uso de materias primas vírgenes para la fabricación de bienes.
- **Valoración de residuos:** esta característica de la economía circular significa la búsqueda de diferentes formas de convertir los residuos en recursos. Por ejemplo, el compostaje, la conversión en energía, etc.
- **Colaboración y cadena de suministro circular:** se fomenta la colaboración y cooperación entre empresas (clientes, proveedores, distribuidores e intermediarios) y de todos los agentes intervinientes en el proceso de compraventa y logística, desde que se fabrica el producto hasta que llega al consumidor final. Además de colaboraciones de lo público y lo privado para fomentar la innovación. Mediante esta colaboración aumenta la posibilidad de reutilización de los productos y materiales.
- **Innovación:** gracias a la colaboración entre el sector público y privado, y a las sinergias que surgen entre ellos, pueden compartir ideas, conocimientos y tecnología para la innovación.

- **Energía renovable y eficiencia energética:** este principio es la idea de alentar a las empresas industriales a utilizar energías procedentes de recursos renovables frente a las procedentes de recursos no renovables.
- **Consumo responsable:** el último eslabón en la cadena económica es el consumidor final que adquiere los bienes o servicios a consumir. Aquí entra en juego el papel de los consumidores, clientes o usuarios quienes deben consumir de manera moderada, consciente y responsable. Deben evitar el derroche y deben apostar por el consumo de productos sostenibles.
- **Educación y sensibilización:** formar a las empresas en conceptos de sostenibilidad y economía circular, y educar mediante campañas de sensibilización y concientización a los ciudadanos para que ejerzan el consumo responsable. De este modo, se pretende reconvertir a la sociedad en un nuevo modelo económico.
- **Economía de la funcionalidad:** esta idea fomenta el hecho de que, en lugar de comprar el producto, es preferible alquilar o contratar el servicio al proveedor teniendo en cuenta la utilidad y el rendimiento. Ejemplo: un hotel, en lugar de comprar máquinas lavadoras, secadoras y planchadoras, contrata el servicio de limpieza de lencería y mantelería a una lavandería profesional.

Las tres R de la sostenibilidad son reducir la fabricación de productos, el consumo de productos nuevos o de primera mano y los residuos, reutilizar los productos varias veces o darles una segunda vida, reciclar los materiales de un producto para fabricar con esos materiales otros productos.

 **TAREA 2**

En un entorno natural, el ayuntamiento ha diseñado unas rutas senderistas para que los visitantes puedan disfrutar del entorno de dicho municipio. Han

Continúa en página siguiente >>

<< Viene de página anterior

señalizado claramente los caminos y han puesto paneles informativos acerca de la flora y la fauna de la zona. ¿Qué ideas o medidas crees que podrían indicar a los visitantes que, a la vez, les eduquen y sensibilicen acerca de la sostenibilidad y cuidado del medioambiente? Ayuda al agente de desarrollo local y ambiental a concretar estas medidas.

---

3. Tecnologías aplicadas a la economía circular

 **HILO CONDUCTOR**

Una vez que Pedro, gerente de Hotelasa, ha adquirido conocimientos sobre el concepto de economía circular y sus principios y características, desea saber cómo las tecnologías pueden ayudar con su aplicación en la economía circular.

El principio de innovación en la economía circular fomenta la adopción de tecnologías emergentes como el internet de las cosas, la inteligencia artificial, el análisis de datos o *big data,* etc., para optimizar los procesos y la toma de decisiones de todos los agentes e intervinientes en la economía circular.

Las tecnologías aplicadas a la economía circular son:

- **Internet de las cosas:** denominado IoT por su procedencia del inglés, *Internet of Things.* Son objetos o productos que disponen de un *software* y, por tanto, pueden ser conectados a internet. Esto permite la actualización de dicho *software* y el alargamiento de su vida útil.
  Por ejemplo, un GPS necesita conexión a internet para que nos indique la ruta más adecuada. Al mismo tiempo, se puede actualizar su *software* para que dicha información esté actualizada y pueda proveer más prestaciones como rutas más rápidas, más cortas, más fáciles, etc., o proporcionar la ubicación de ciertos establecimientos en las rutas, para que el usuario pueda elegir y tenga una experiencia más positiva con la utilización del GPS.
- **Tecnologías de la información y comunicación o TIC:** el papel que desempeñan este tipo de tecnologías en la economía circular es el de intercambiar información y comunicación entre los actores agentes e intervinientes de la economía circular, la posibilidad de crear plataformas

para acciones colaborativas, cooperativas y sinergias y gestionar de manera inteligente todos los recursos que ofrecen.

Por ejemplo, un hotel alquila sus habitaciones a través de agencias de viajes *online,* siendo estas uno de sus canales de venta y ahorrando costes en publicidad.

➲ ***Big data* y analítica avanzada:** gracias a las TIC, y al gran volumen de datos que se recopilan a lo largo de la cadena de valor y distribución de los productos y servicios, se pueden hacer análisis exhaustivos que permiten una toma de decisiones más acertada y una identificación de oportunidades más real, de cara a mejorar la eficiencia y la sostenibilidad.

Gracias al *big data* los recursos turísticos pueden gestionar las colas de acceso al interior o al recinto del recurso, evitando que la gente espere demasiado tiempo, ya que si este es muy largo, el visitante puede ir a hacer otras cosas en lugar de esperar su turno todo el tiempo en la cola.

➲ **Inteligencia artificial o IA:** también conocida por AI (de sus siglas en inglés *artificial intelligence).* Podemos decir que la inteligencia artificial extrae lo mejor, lo más popular, lo más buscado, etc., de todos los datos de internet, o de una intranet, y aplica lo mejor. Sirve para optimizar procesos productivos, gestión de residuos y reciclaje, predecir patrones de consumo, tendencias de demanda, etc.

Gracias a la inteligencia artificial muchas empresas aplican en sus páginas webs una especie de asistente virtual, que es un *chatbot* o robot de conversación, el cual detecta las palabras y preguntas frecuentes y responde al usuario sobre las preguntas que pueda formular, incluso puede asistir a un internauta en los pasos que debe seguir en un proceso de compra, por ejemplo.

➲ **Impresión 3D:** la impresión 3D permite imprimir objetos en tres dimensiones a la medida o petición del cliente. Ahorra costes de fabricación, ya que se optimiza el uso de materiales, permite fabricar productos o componentes a medida de la demanda y de manera local ahorrando costes de transporte y de almacenamiento.

Por ejemplo, la impresión de suvenires de un recurso turístico relevante en un destino. Además, se podría personalizar el suvenir añadiendo el nombre del destino, del recurso turístico o de los visitantes, la fecha de visita u otro dato, de modo que incrementase su valor.

➲ **Sensores y etiquetas inteligentes:** este tipo de tecnología sirve para rastrear, monitorear y hacer seguimiento de productos, materiales y residuos a lo largo de su período de vida útil, facilitando así su gestión y recuperación.

Por ejemplo, muchas compañías aéreas utilizan etiquetas de identificación por radiofrecuencia o RFID *(Radio Frequency Identification)* que constan de un *chip* y una antena. En esta etiqueta va información sobre los lugares de origen y destino, nombre del pasajero, número de vuelo, compañía aérea, etc. Este sistema permite un mejor control y seguimiento del equipaje evitando las pérdidas del mismo.

- *Blockchain* **o cadena de bloques:** se utiliza para rastrear el origen o procedencia de un material, producto o servicio, asegurando la transparencia en el servicio y la trazabilidad en la cadena de suministro del producto.

  Por ejemplo, en una transferencia bancaria, la persona A desea enviar dinero a la persona B. La transferencia se presenta como un bloque a todas las partes (entidades bancarias de origen y destino, y sujetos titulares de dichas cuentas), las cuales aprueban que están de acuerdo y, entonces, se realiza la transferencia. Si alguna de las partes no está de acuerdo, no se realizaría la transacción con éxito.

- **Realidad aumentada y realidad virtual (AR o *aumented reality* y VR o *virtual reality*):** estas tecnologías presentan un producto o servicio como algo real, aunque no esté presente en el lugar. Se utiliza mucho en servicios de formación y entrenamientos.

  Por ejemplo, en la web de un destino turístico se puede visitar la ciudad mediante un vídeo de realidad aumentada o realidad virtual que muestra las calles y recursos turísticos de un municipio o zona.

- **Biotecnología y bioingeniería:** estas tecnologías permiten el desarrollo de materiales biodegradables, como bioplásticos y biocombustibles, hechos a partir de energías renovables. Sirven para controlar condiciones medioambientales y biológicas en ecosistemas determinados, como parques nacionales, parques naturales, reservas naturales y otros espacios protegidos.

  La biotecnología permite monitorear y controlar la humedad, la temperatura y la iluminación en los ecosistemas para comprobar si el ecosistema sigue siendo el idóneo para las especies que lo habitan o necesitan algún cambio o adaptación.

- **Energías renovables:** la tecnología sirve para generar energía a partir de fuentes renovables. Como hemos mencionado anteriormente, esto es fundamental para reducir o eliminar la dependencia de las fuentes no renovables.

  Por ejemplo, las empresas de alojamiento requieren mucho suministro para su actividad: agua caliente, calefacción, are acondicionado, luz en habitaciones e instalaciones, funcionamiento de máquinas, herramientas y utensilios, etc. En la economía circular, las empresas de alojamiento abogan por el consumo de energías renovables.

Gracias a las redes sociales, las empresas pueden informar, comunicarse e interactuar con sus clientes y viceversa. Además, sirven como canal de ventas y de publicidad. Fuente: Nur Maulidiah / Shutterstock.com

PARA SABER MÁS

Si lo deseas puedes visualizar ejemplos de algunas de las tecnologías vistas anteriormente. Para ello accede desde aquí:

Big data: La Galería de los Uffizi recurre a un algoritmo para combatir las colas

https://redirectoronline.com/rwmyx

Realidad aumentada y realidad virtual: MAPA 3D DE ALHAMBRA

https://redirectoronline.com/bhfrv

APLICACIÓN PRÁCTICA

Un hotel ha adoptado la medida de poner sensores presenciales en los pasillos para que la luz solo se encienda cuando hay personas en la zona. Por otra parte, ha instalado grifos en los baños que solo se activan cuando el individuo pone las manos debajo del mismo, evitando que se quede el grifo abierto sin querer, para así ahorrar agua. ¿Qué tipo de tecnología están aplicando en la economía circular?

Solución

La tecnología que se está utilizando son sensores inteligentes o sensores de detección de presencia, pues estos solo se activan cuando hay alguna persona que necesita ese servicio de luz o agua, evitando que, por despiste, se queden activados cuando nadie los necesita utilizar.

- -

ACTIVIDAD COMPLEMENTARIA

2. Lee la noticia titulada Masificación en la Acrópolis: Grecia limita las visitas diarias que encontrarás accediendo desde aquí:

https://redirectoronline.com/hott02po020201

A continuación, indica qué medidas concretas se van a tomar para el control de visitantes.

- -

4. Resumen

Los cinco pilares básicos de la sostenibilidad son: desarrollo económico, social, medioambiental, cultural e inclusivo.

En su caso, la economía lo que trata es de minimizar y reducir la generación de residuos.

En la economía tradicional o lineal, los productos se adquirían para su uso principal y, después, se arrojaban a la basura.

En la economía moderna o circular, los productos se hacen para ser muy duraderos, para reutilizarse varias veces, para reciclarse y, por último, para desecharlos cuando no queda más remedio.

Los principios que caracterizan a la economía circular son los siguientes:

Las tecnologías que se pueden aplicar a la economía circular son las siguientes:

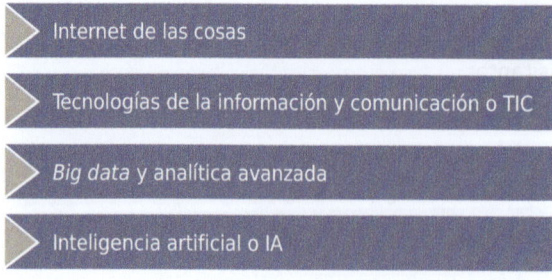

Continúa en página siguiente >>

<< Viene de página anterior

- Impresión 3D
- Sensores y etiquetas inteligentes
- *Blockchain* o cadena de bloques
- Realidad aumentada y realidad virtual (AR o *aumented reality* y VR o *virtual reality)*
- Biotecnología y bioingeniería
- Energías renovables

Ejercicios de autoevaluación
Unidad de Aprendizaje 2

1. Los procesos en los que se fabrican productos que se utilizan y, cuando no son servibles, se tiran corresponden a la:

   a. Economía capitalista
   b. Economía sostenible
   c. Economía circular
   d. Economía lineal

2. Las 3 R de la sostenibilidad hacen referencia a los términos:

   a. Reducir, reutilizar y reciclar
   b. Reproducir, retornar y renovar
   c. Rebajar, restringir y reordenar
   d. Reajustar, resolver y revertir

3. Como individuo, depositar tu ropa usada en un contenedor gestionado por una ONG atiende al principio de economía circular de:

   a. Reducción
   b. Reciclaje
   c. Reutilización
   d. Innovación

4. Enseñar a los niños que deben cerrar el grifo cuando se están enjabonando los dientes atiende al principio de economía circular de:

   a. Diseño sostenible
   b. Reciclaje
   c. Valorización de los residuos
   d. Educación y sensibilización

5. Los vídeos en tres dimensiones que podemos ver en páginas webs de algunos renombrados museos, atiende al tipo de tecnología aplicada en economía circular:

   a. Internet de las cosas
   b. *Big data* y analítica avanzada

c. Impresión 3D
d. Realidad aumentada y realidad virtual

1. Introducción

Hasta ahora hemos estudiado sobre la sostenibilidad y la economía circular. El turismo, como actividad enmarcada dentro de la economía, también persigue el reto de dar este enfoque a su gestión. De hecho, todos los sectores económicos deben colaborar para alcanzar los Objetivos de Desarrollo Sostenibles marcados en la Agenda 2030.

Esta agenda surgió el 25 de septiembre de 2015, cuando fue acordada por 193 países o Estados miembros de la ONU. Sin embargo, no es hasta 2020, año que coincide con su quinto aniversario y con la pandemia mundial del COVID, cuando se le da verdadera importancia e impulso a esta agenda. En el año 2020, además de ver en peligro la salud del planeta, también estuvo en peligro la salud de la humanidad.

Una vez superada la pandemia, el turismo debe recuperar su actividad anterior, pero tomando las medidas hacia un turismo circular como nuevo modelo económico para recuperarse de esta crisis. Pues como sector no debe olvidar que fue una de las actividades más perjudicadas en 2020.

Para ello, nos vamos a apoyar en Hotelasa, ese hotel pequeño de 50 habitaciones ubicado en un pueblo de 3.000 habitantes. Rodeado de un entorno rural, en una comarca de diez municipios muy pequeños y distanciados entre sí a unos 10 km entre ellos. Este hotel está ubicado en un antiguo palacio abandonado que ha sido reconstruido y reformado por una cadena hotelera nacional que lo adquirió hace dos años.

2. Turismo circular y el reto del cambio climático

 HILO CONDUCTOR

Pedro, el gerente de Hotelasa, ha escuchado hablar del turismo circular y del cambio climático. Sin embargo, no distingue muy bien ambos conceptos. Sabe que desde su hotel debe luchar contra el cambio climático y, al mismo tiempo, participar y contribuir en el turismo circular. Por eso, va a aprender acerca de estos dos conceptos para poder aplicarlos desde su actividad hotelera.

El **turismo circular** es aquella actividad turística que está enfocada en los siguientes objetivos:

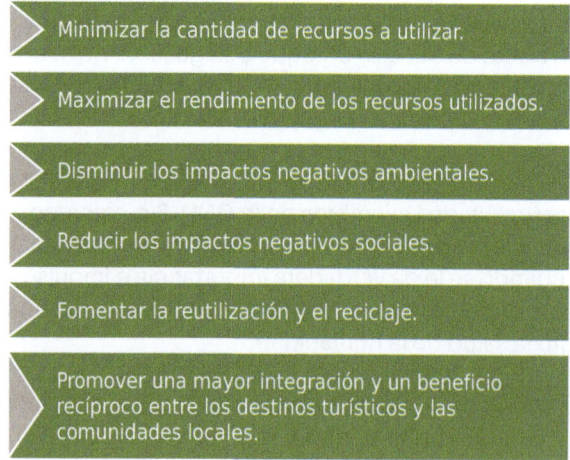

Minimizar la cantidad de recursos a utilizar.

Maximizar el rendimiento de los recursos utilizados.

Disminuir los impactos negativos ambientales.

Reducir los impactos negativos sociales.

Fomentar la reutilización y el reciclaje.

Promover una mayor integración y un beneficio recíproco entre los destinos turísticos y las comunidades locales.

El turismo circular se basa en los siguientes principios:

⮑ **Reducción de los residuos:** para ello se deben aplicar prácticas eficientes de gestión de residuos, así como fomentar la **economía compartida o colaborativa.**

⮑ **Impulso de la economía local:** se deben promover proyectos turísticos que beneficien a la comunidad local, como compras a proveedores locales, contratación laboral de trabajadores locales, promoción de productos artesanales regionales, fomento de actividades para la participación activa de la comunidad local en el desarrollo turístico de la zona.

⮑ **Diversificación de experiencias:** para ello se debe diversificar u ofrecer todo tipo de experiencias auténticas y responsables, como ecoturismo, turismo cultural, rural, deportivo, religioso, gastronómico, etc. De esta manera, se desmasifican los recursos turísticos más punteros y atractivos, diluyendo al flujo turístico a diferentes zonas o puntos. También se intentará desestacionalizar el turismo, para que no haya concentraciones de turistas en unas fechas determinadas y que se reparta el flujo turístico a lo largo de todo el año.

⮑ **Gestión sostenible de los recursos naturales:** para ello se deben aplicar estrategias sostenibles de gestión de los recursos naturales como el agua, la energía y la biodiversidad, con el objetivo de asegurar su disponibilidad a largo plazo y reducir el impacto negativo en el medioambiente

⮑ **Inclusión social:** debe promoverse la integración de las comunidades locales en la actividad turística, con el fin de empoderar a las comunidades locales y hacerlas partícipes de la planificación, desarrollo y gestión turística de la zona. Es importante reducir las desigualdades sociales, económicas y culturales que se puedan generar por una actividad turística mal gestionada. También se debe incluir en ese ciclo de turismo circular a los turistas o visitantes para educarles y sensibilizarles acerca del turismo sostenible. En definitiva, incluir a las personas que participan en la actividad turística; empresas, comunidad local y turistas.

○ **Innovación y tecnología:** deben adoptarse tecnologías y prácticas innovadoras que permitan gestionar los recursos económicos, materiales y humanos de manera eficiente para mejorar la experiencia turística de los viajeros, minimizando los impactos negativos.

La buena gestión de los recursos naturales debe garantizar su disponibilidad a largo plazo, es decir, que tarden el mayor tiempo posible en agotarse, en el caso de los recursos no renovables. Se debe apostar por el uso de recursos naturales renovables.

 ## APLICACIÓN PRÁCTICA

En un hotel pequeño, el gerente ha decidido sustituir las *amenities* de pastillas de jabón, sobres de gel y sobres de champú, por dosificadores de jabón en los lavabos y de gel y champú en las duchas de los baños. De este modo, el servicio de pisos solo tiene que rellenar los dispensadores. ¿A qué tipo de principio de turismo circular corresponde esta medida?

Solución

Al poner dispensadores de jabón, gel y champú, se está reduciendo la cantidad de residuos de los propios envoltorios de la pastilla de jabón y los sobres de gel y champú.

Cuando hablamos del turismo circular, tenemos que hablar de sus tres pilares fundamentales o 3 P:

Politics (política)	El turismo circular debe presionar a la política gubernamental a todos los niveles, desde el ayuntamiento del municipio local al Estado nacional. Por ejemplo, realizar campañas de concienciación a los ciudadanos para que respeten el medioambiente, la cultura y costumbres de las comunidades locales, subvencionar las energías renovables, limitar y regular zonas de ruido nocturno, etc.
Places (lugares)	Los turoperadores y agencias mayoristas que gestionan los flujos turísticos deben elegir destinos que puedan ofrecer otros subdestinos cercanos. De este modo, desmasificamos un punto concreto guiando a la gente hacia otros puntos cercanos menos saturados o transitados. Así se promueve la economía local y se benefician varios municipios del mismo turismo.
People (personas)	Para cerrar este turismo circular es imprescindible educar y hacer partícipe a todas las personas que intervienen en este tipo de turismo: empresas (empresarios y trabajadores), ciudadanos residentes de la zona y turistas. Todos deben estar mentalizados sobre conceptos como el turismo sostenible y/o el turismo circular.

La política gubernamental, a todos los niveles, debe cooperar y participar en el fomento y la ayuda al desarrollo del turismo sostenible. Los destinos turísticos deben establecer lazos con los puntos de origen o emisores de turistas para concientizar a los mismos sobre la práctica de un turismo sostenible.

🎥 VÍDEO

Puedes ver un vídeo en el que, de manera indirecta, se mencionan estos tres pilares como base fundamental del turismo sostenible o circular. Para ello accede desde aquí:

https://redirectoronline.com/hott02po0301

El turismo circular aporta una serie de **beneficios** al patrimonio cultural y natural como son:

- **Disminución de la presión en el patrimonio.** Al diluirse el flujo turístico en diferentes puntos dentro de un mismo destino, se produce que los recursos turísticos no estén saturados y sean más fáciles de gestionar y que no sufran dicha presión.
- **Facilidad de mantenimiento y seguridad en los museos, monumentos y recursos turísticos.** Al disminuir la presencia de personas resulta más fácil mantener la limpieza, las infraestructuras de accesos, la seguridad de las personas, etc.
- **Reducción de la concentración de contaminación por polución.** Al decrecer el número de turistas y los vehículos mediante los que acceden a los recursos disminuye la contaminación. Esta contaminación daña edificios y fachadas exteriores, por lo que se verá reducido.

Los recursos turísticos patrimoniales culturales son más fáciles de mantener si el número de visitantes está controlado, siendo de menos cantidad, aunque de manera más constante. Esto favorece su mantenimiento en cuanto a iluminación, temperatura, humedad, limpieza, etc.

PARA SABER MÁS

El Gobierno español se preocupa por el turismo circular. De hecho, puedes ver una publicación al respecto, así, por ejemplo, el ministerio con competencia en turismo edita una publicación periódica acerca del turismo circular, donde aborda diferentes aspectos, por lo que puedes seleccionar la lectura de aquello que consideres prioritario en el turismo circular. Para ello accede desde aquí:

https://redirectoronline.com/hott02po0302

Por otra parte, Seggitur o Sociedad Estatal Española dedicada a la Gestión de la Innovación y las Tecnologías Turísticas, publicó una guía que puedes leer accediendo desde aquí:

https://redirectoronline.com/hott02po0306

 ## ACTIVIDAD COMPLEMENTARIA

3. Lee la noticia titulada "Un medio alemán denuncia la masificación turística que pone en peligro dos famosas calas de Mallorca" que encontrarás accediendo desde aquí:

Continúa en página siguiente >>

<< Viene de página anterior

https://redirectoronline.com/hott02po0303

A continuación, indica cuáles son los problemas que provoca esta masificación.

Uno de los retos más desafiantes para el turismo circular es combatir el **cambio climático.**

El tipo de turismo por excelencia más extendido a nivel global es el **turismo de sol y playa.** Las personas buscan destinos donde disfrutar del buen clima y las playas, como suelen ser las zonas litorales de costa de los países bañados por agua y las múltiples islas repartidas en mitad de los mares y océanos. Por otra parte, también existe una cantidad importante de turismo deportivo de nieve que busca esquiar en zonas montañosas.

Por eso, el cambio climático puede afectar de manera muy severa a destinos cuyo único recurso turístico es el buen clima o la nieve. De ahí que, el turismo circular, persiga evitar el cambio climático en la medida de lo posible. De suceder así, no quedará otra alternativa que adaptarse a la nueva climatología de cada destino afectado.

Se ha de tener en cuenta que el cambio climático no solo afecta al clima o a la temperatura externa, sequía, lluvias, huracanes, granizadas, nevadas, etc., sino que puede afectar a la flora y fauna, desarrollándose la presencia de especies que antes no estaban en ese hábitat.

 **EJEMPLO**

Playas que han sido tranquilas y transitadas por turistas hasta hace muy poco, últimamente se ven invadidas por tiburones, medusas peligrosas, superpoblación de algas y otra especies que dificultan un baño tranquilo y placentero.

En España, la **Ley 7/2021, de 20 de mayo, de Cambio Climático y Transición Energética** pretende cumplir con los compromisos internacionales establecidos en la Agenda 2030.

Por otra parte, la lucha del sector turístico contra el cambio climático genera un beneficio por partida doble: de una parte, se cuida del medioambiente y del planeta, mientras que, por otra, se generan nuevas oportunidades empresariales.

 PARA SABER MÁS

En el artículo denominado "La nueva Ley de Cambio Climático: retos y desafíos", puedes leer acerca de los objetivos y mejoras que propone esta ley, para ello accede desde aquí:

https://redirectoronline.com/hott02po0304

Además puedes leer la publicación titulada "La lucha contra el cambio climático, el mayor reto para la salud mundial del siglo XXI", donde se habla acerca de todo aquello que las empresas pueden hacer para luchar contra el cambio climático. Para ello accede desde aquí:

https://redirectoronline.com/hott02po0305

3. Tecnologías aplicadas al turismo circular

☞ HILO CONDUCTOR

Pedro, el gerente de Hotelasa, va a necesitar tecnología para el funcionamiento del hotel: ordenadores, programa informático de gestión, cámaras frigoríficas y congeladores en restaurante y bar, máquinas lavadoras, secadoras y planchas en lavandería, además de controlar el gasto de luz, agua y climatización en las habitaciones y zonas comunes. Tiene que investigar acerca del consumo de suministros para, además de ahorrar el importe de las facturas de suministros, evitar derrochar o malgastar los mismos.

Las tecnologías que se aplican al turismo circular son las generales que se aplican a cualquier tipo de sector económico, como son:

- **Aerogeneradores flotantes:** son los típicos aerogeneradores o molinos eólicos que estamos acostumbrados a ver en los diferentes paisajes, pero ubicados en medio de mares y océanos, donde las corrientes de aire y viento son más fuertes y constantes y donde, además, su impacto medioambiental es menor.
- **Medidores:** aparatos o aplicaciones que permiten medir la calidad del aire, la humedad, la cantidad de lluvia, la temperatura, la cantidad de especies de flora y fauna, etc. Estas mediciones ayudan a estudiar cómo es el medioambiente de la zona, si están apareciendo o desapareciendo especies, si la calidad del aire es buena o no, etc. De este modo, se pueden tomar decisiones para optar por soluciones que ayuden al enfriamiento global o a detener la degradación de la naturaleza mediante la plantación de árboles y zonas verdes, la restauración de ecosistemas o la conservación de especies.
- **Nueva generación de nucleares:** hay estudios recientes de expertos que afirman, como nueva tendencia, que la energía nuclear ayuda a la sostenibilidad. Aunque es una idea que ha abierto la polémica, lo cierto es que parece que Europa apuesta de nuevo por la energía nuclear.
- **Satélites:** gracias a los satélites se pueden predecir y seguir fenómenos atmosféricos como huracanes, tornados, DANA (depresiones aisladas en niveles altos), borrascas, ciclones, etc. El estudio y predicción de estos fenómenos atmosféricos puede ayudar a conocer qué zonas sufren inundaciones y cuáles, por el contrario, sequías, y tomar soluciones al respecto.
- **Combustibles ecológicos para aviones:** igual que en los vehículos terrestres se ha apostado por los combustibles sostenibles y biocombustibles, se debe hacer lo mismo para los aviones. La aeronáutica es un

sector muy contaminante y, hasta recientemente, no se ha hecho nada por evitar dicha contaminación.

⮂ **Vehículos terrestres eléctricos:** aunque en principio pareció una buena idea eliminar el combustible y sustituirlo por electricidad, lo cierto es que, actualmente, hay mucho debate acerca de esta idea. La autonomía del vehículo ante un itinerario complicado, el tiempo excesivo y los escasos puntos de repostaje, las escasas electrolineras, etc., ponen en duda, a fecha de hoy, la idoneidad del coche eléctrico.

⮂ **Paneles o placas solares:** son unas placas mediante las que se absorbe el calor del sol y se genera energía. Cada vez es más frecuente verlas en los tejados de las viviendas, así como en amplias superficies paisajísticas. Siguen planteando polémica por su impacto negativo en el medioambiente, al menos, en las zonas donde se instalan, rompiendo la estética de la naturaleza. Además, existen teorías controvertidas que afirman que los incendios forestales provocados en España son con la finalidad de construir plantas solares y de aerogeneradores en esas zonas incendiadas, lo cual sería una contradicción en sí misma, quemar naturaleza para construir plantas de energía renovable y sostenible.

⮂ *Power-to-X:* esta tecnología consiste en electrolizadores que extraen el hidrógeno del agua generando otro tipo de energía.

⮂ **Almacenamiento de carbono o captación de CO_2:** se trata de separar, extraer y almacenar el carbono que se encuentra en el CO_2 que se lanza a la atmósfera. Esta función, en realidad, la hacen las plantas con la fotosíntesis. Sin embargo, se necesitaría mucha superficie para plantar muchos árboles y vegetales. Lo que se pretende con esta tecnología es extraer el carbono y enterrarlo para producir energía al mismo tiempo que se elimina de la atmósfera.

⮂ **Iluminación LED:** una bombilla tradicional emite mucha cantidad de CO_2. Al mismo tiempo, una vez desechada, emite pequeñas cantidades de mercurio y argón que se liberan a la atmósfera al romperse con facilidad el vidrio.

En la imagen podemos apreciar una combinación de dos tipos nuevos de energía gracias a la tecnología: las placas solares y los aerogeneradores terrestres o turbinas eólicas. Las primeras captan la energía procedente del sol, y los segundos la energía procedente del viento. Ambos recursos naturales son renovables e inagotables.

 **TAREA 3**

Un hotel de próxima apertura decide aplicar el mayor número de tecnologías posibles para ser lo más sostenible y circular, siguiendo las tendencias actuales. ¿Qué medidas podría aplicar en base a las tecnologías expuestas en los contenidos?

----

4. Resumen

El **turismo circular** focaliza su actividad en los siguientes objetivos:

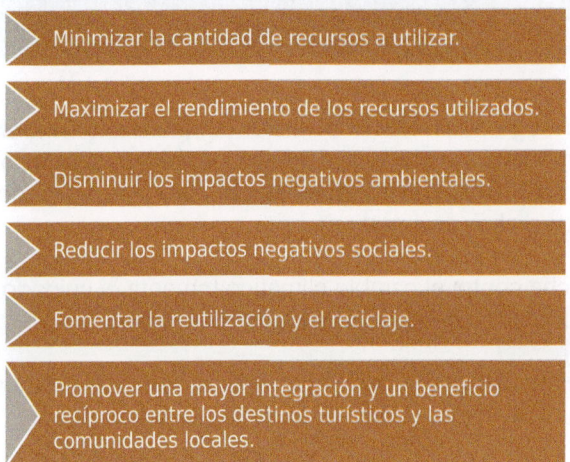

- Minimizar la cantidad de recursos a utilizar.
- Maximizar el rendimiento de los recursos utilizados.
- Disminuir los impactos negativos ambientales.
- Reducir los impactos negativos sociales.
- Fomentar la reutilización y el reciclaje.
- Promover una mayor integración y un beneficio recíproco entre los destinos turísticos y las comunidades locales.

Por otra parte, el turismo circular está inspirado en estos principios:

- Reducción de los residuos
- Impulso de la economía local
- Diversificación de experiencias
- Gestión sostenible de los recursos naturales
- Inclusión social
- Innovación y tecnología

Y el turismo circular está basado en unos pilares fundamentales denominados 3 P por su procedencia del inglés:

Politics (política)　　*Places* (lugares)　　*People* (personas)

Los beneficios que aporta el turismo circular al patrimonio cultural y natural son los siguientes:

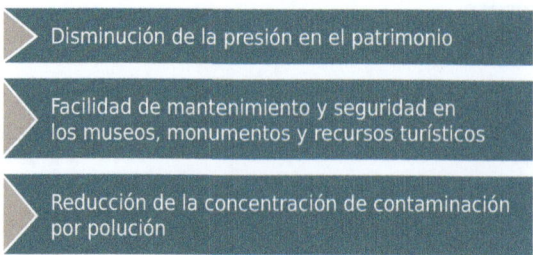

Disminución de la presión en el patrimonio

Facilidad de mantenimiento y seguridad en los museos, monumentos y recursos turísticos

Reducción de la concentración de contaminación por polución

Uno de los grandes retos que trata de combatir el turismo circular es el **cambio climático,** que provoca, además del cambio de clima o el tiempo de los destinos, el cambio en las especies animales y vegetales de algunos ecosistemas de dichos destinos.

Esta lucha contra el cambio climático fomenta el cuidado del planeta y el desarrollo de nuevas oportunidades comerciales.

Las tecnologías que se aplican en el turismo circular, al igual que se aplican en otras actividades económicas, son las siguientes:

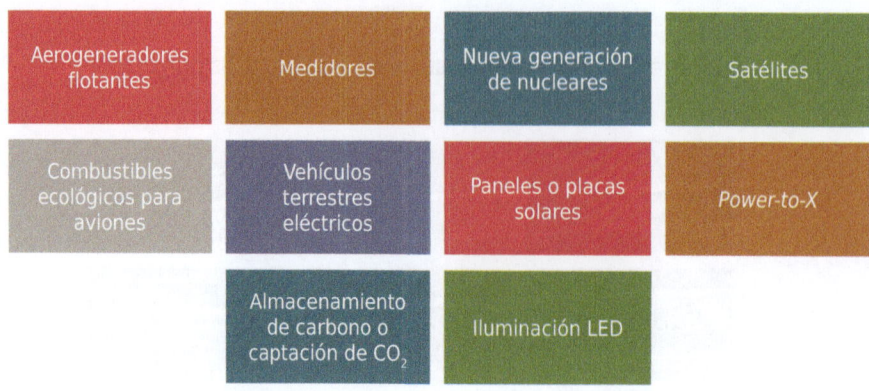

Aerogeneradores flotantes　　Medidores　　Nueva generación de nucleares　　Satélites

Combustibles ecológicos para aviones　　Vehículos terrestres eléctricos　　Paneles o placas solares　　*Power-to-X*

Almacenamiento de carbono o captación de CO_2　　Iluminación LED

Ejercicios de autoevaluación
Unidad de Aprendizaje 3

1. **El hecho de que un restaurante compre sus productos a los proveedores de la provincia en el que está ubicado, responde al principio de turismo circular:**

   a. Reducción de los residuos
   b. Impulso de la economía local
   c. Diversificación de experiencias
   d. Innovación y tecnología

2. **El hecho de concientizar a los huéspedes de un hotel en separar los residuos, poniendo en sus habitaciones papeleras de diferentes colores y carteles informativos acerca de su importancia, atiende al pilar fundamental del turismo circular:**

   a. *Politics* (política)
   b. *Places* (lugares)
   c. *People* (personas)
   d. *Products* (productos)

3. **El hecho de limitar las visitas de una reserva natural a un número limitado de visitantes al día, ¿qué beneficio aporta a dicho recurso natural?**

   a. Disminución de la presión en el patrimonio
   b. Dificultad de mantenimiento en el recurso turístico
   c. Aumento de la concentración de polución
   d. Aumento de la inseguridad en el recurso turístico

4. **Las turbinas eólicas que se ven en los mares y océanos son:**

   a. Extractores de CO_2
   b. *Power-to-X*
   c. Aerogeneradores terrestres
   d. Aerogeneradores flotantes

5. El hecho de que un destino ofrezca actividades culturales a lo largo de todo el año atiende al principio de turismo circular:

    a. Innovación y tecnología
    b. Inclusión social
    c. Gestión sostenible de los recursos naturales
    d. Diversificación de experiencias

Glosario

Calidad
Actividad que consiste en evitar el error en el proceso, utilizando todas las herramientas de detección de errores y, en consecuencia, su corrección antes de finalizar dicho proceso.

Circular
Con forma redonda o de círculo. En la economía circular se refiere a que todo lo creado, producido o fabricado debe volver o retornar, de alguna manera, a su origen. De aquí surge el concepto de las 3R en sostenibilidad: reutilizar, reciclar y reducir.

Comunidad
Conjunto de personas que viven en un municipio, provincia, región o zona determinada, dependiendo del ámbito geográfico que estemos abarcando, bajo un conjunto de normas, directrices, pautas o leyes establecidas.

Diversificación
Estrategia por la que se pretende ampliar la variedad de la actividad principal con actividades secundarias o alternativas, consiguiendo así la desestacionalización y/o desmasificación de un destino.

Infraestructura
Es el conjunto de recursos económicos, materiales y humanos que se necesitan para el correcto funcionamiento de una ciudad u organización. En el caso del turismo, para el funcionamiento de las empresas y destinos turísticos.

Patrimonio
Legado o bienes materiales o inmateriales que hereda una comunidad para su disfrute. Debe ser protegido por la comunidad presente para que pueda ser transmitido y disfrutado por las generaciones futuras.

Proveedor

Persona o empresa que suministra bienes o servicios para facilitar el desarrollo de la actividad de una empresa.

Reducción

Disminuir, contraer o restringir al mínimo la producción, fabricación y/o el residuo que provoca.

Sensibilización

Es el proceso por el que se intenta que la población o el conjunto de la ciudadanía reaccione de manera visible y activa ante un hecho o idea determinada que, *a priori,* tiene una connotación negativa.

Sostenible

Relacionado con la ecología, la naturaleza, lo "verde", teniendo en cuenta los aspectos económico y social de la comunidad receptora. En el caso del turismo, es sostenible aquel que tiene en cuenta el cuidado del medioambiente, el desarrollo económico y social de la comunidad del destino.

Bibliografía

Textos electrónicos, bases de datos y programas informáticos

→ Economía circular: definición, importancia y beneficios, de:
<https://www.europarl.europa.eu/topics/es/article/20151201STO05603/
economia-circular-definicion-importancia-y-beneficios#:~:text=La%20
econom%C3%ADa%20circular%20es%20un,de%20los%20productos%20
se%20extiende>

> El Parlamento Europeo cuenta con un blog de noticias sobre diferentes áreas y ámbitos.

→ Qué son los sellos de calidad y qué tipos existen en el mundo de la
seguridad?, de: <https://igeca.net/blog/512-turismo-circular-como-
favorece-al-patrimonio-cultural#:~:text=El%20turismo%20circular%20es%20
un,como%20de%20las%20comunidades%20receptoras>.

> Movistar Prosegur Alarmas es una empresa integrada por dos grandes empresas: Movistar, que es una empresa de telefonía dedicada a la tecnología y medios de conexión, y Prosegur, que es una empresa dedicada a la seguridad. Han aunado fuerzas para ofrecer sistemas de seguridad muy avanzados en el mercado.

→ ¿Qué tecnologías aportarán nuevas soluciones en la lucha contra el
cambio climático en 2022?, de: <https://www.santander.com/es/stories/
que-tecnologias-aportaran-nuevas-soluciones-en-la-lucha-contra-el-cambio-
climatico-en-2022#:~:text=La%20expansi%C3%B3n%20de%20los%20
autom%C3%B3viles,clim%C3%A1tica%20que%20sufre%20el%20planeta>.

> El Banco Santander es una entidad bancaria que ofrece servicios financieros, pero cuenta con un blog donde publican artículos acerca de economía y todo aquello que pueda afectar a la misma.

→ Sellos de Calidad Turística: qué son y para qué sirven, de:
<https://www.campingscomunidadvalenciana.es/sellos-de-calidad-turistica-
que-son-y-para-que-sirven/>.

> La Federación de Campings de la Comunitat Valenciana agrupa a varias asociaciones provinciales de campines de las provincias de Castellón, Valencia y Alicante desde 1999.

→ Tecnología para impulsar la economía circular, de: <https://www.lavanguardia.com/economia/20220227/8086430/tecnologia-impulsar-economia-circular.html>.

La Vanguardia es un periódico en formato de papel y digital que informa sobre diferentes aspectos de interés social, en este caso, el económico.

→ Turismo circular: cómo favorece al patrimonio cultural, de: <https://igeca.net/blog/512-turismo-circular-como-favorece-al-patrimonio-cultural#:~:text=El%20turismo%20circular%20es%20un,como%20de%20las%20comunidades%20receptoras>.

El Instituto de Gestión Cultural y Artística se erigió en 2013 como la primera escuela de negocios especializada en la formación *online* de las industrias culturales y creativas.